LE

BOMBARDEMENT DE VERDUN

EN VENTE A LA MÊME LIBRAIRIE

MÉLANGES MILITAIRES

PREMIÈRE ET DEUXIÈME SÉRIE

CONTENANT

LES PRINCIPAUX ARTICLES PUBLIÉS

DANS LE

BULLETIN DE LA RÉUNION DES OFFICIERS

EN 1871, 1872 ET 1873

10 VOLUMES PETIT IN-8°

Prix : 50 fr.

Il ne reste qu'un très-petit nombre de collections complètes

388 — Paris, imp. A. Dutemple, 7, rue des Canettes.

PUBLICATION DE LA RÉUNION DES OFFICIERS

LE
BOMBARDEMENT DE VERDUN

Du 13 au 15 octobre 1870

ET

LES CAUSES DE SON INSUCCÈS

Traduit de l'Allemand

Par M. DAUDIGNAC

CAPITAINE AU 35ᵉ DE LIGNE

PARIS
CH. TANERA, ÉDITEUR
LIBRAIRIE POUR L'ART MILITAIRE ET LES SCIENCES
Rue de Savoie, 6

1875

LE
BOMBARDEMENT DE VERDUN [1]

Les ouvrages parus jusqu'à ce jour sur diverses parties de la guerre contre la France ne se sont occupés que des opérations qui, plus ou moins immédiatement, ont été suivies de succès.

Les entreprises militaires malheureuses, surtout quand leur récit parvient à découvrir et à expliquer quelque faute commise et la cause de l'insuccès sont aussi instructives que l'opération la mieux réussie.

Les siéges de forteresses sont particulièrement propres à une description séparée ; on peut facilement les isoler de l'ensemble de la campagne, même quand ils en forment une partie intégrante. Il faut espérer, qu'imitant le corps du génie prussien, qui l'a déjà commencée, le corps d'artillerie exposera aussi officiellement une relation de l'ensemble de la guerre de siége. Quant à ce travail, il donne un récit du siége de Verdun autant que peut le connaître l'auteur, d'après des témoins oculaires.

Verdun, comptée en France comme place de deuxième classe, se compose de l'enceinte de la place et de la citadelle. La ville, qui a environ 12,000 habitants, se trouve sur les deux rives de la Meuse et est entourée de dix bastions, dont les courtines ne sont pas toutes également longues. En

---

[1] Extrait des *Militärische Blätter*, journal austro-hongrois.

avant et dehors sont des demi-lunes et enfin sur chaque côté un ouvrage à cornes. La citadelle, qui domine la ville, est un pentagone irrégulier, bastionné et muni à l'entour d'une fausse-braie. Presque de tous côtés sont des hauteurs qui dominent la place et permettent de voir le mur d'escarpe ; les parties casematées seules sont moins apparentes.

Aussi toute l'étendue de la place invite au bombardement. Déjà, pendant la guerre de la Révolution française, le 1er octobre 1792, elle fut ainsi amenée à capituler. La garnison se composait alors de 3,500 hommes, non compris un petit nombre de gardes nationaux, avec trente-deux canons seulement. Un des ingénieurs connus de cette époque, de Bousmard, était directeur du génie ; il avait, prévoyant l'investissement, tout fait pour compléter la défense comme fortifications de la place ; mais, en dépit de la chute récente de Longwy qui avait succombé après que l'artillerie de la défense eût été démontée, il ne jugea pas nécessaire d'augmenter le nombre des pièces.

L'armée du duc de Brunswick investit la place par les deux rives le 30 août ; les pièces de position qui accompagnaient l'armée de campagne furent placées autour de la ville en trois batteries. Le bombardement, qui ne fut interrompu qu'une seule fois, dura en tout onze heures et incendia un petit nombre de maisons. Une partie de la garnison, soutenue par la bourgeoisie, se mutina et demanda la capitulation ; le commandant français, qui ne voulait pas y consentir, se suicida.

Dans la dernière guerre, Verdun, après les batailles de Metz, fut de bonne heure jugée digne d'attention par la direction de l'armée. Pendant la marche en avant contre l'armée de Mac-Mahon, le corps d'armée saxon vint bombarder la ville avec ses pièces de campagne, et la somma de se rendre. Il essuya un refus. Après Sedan, le faible cordon d'investissement fut fortement renforcé par des troupes prises dans celles qui passaient ; il compta alors 4,000 hommes et cent quarante canons environ. On forma, sous les ordres du général de Bothmer, un corps spécial d'investissement composé d'un régiment de ligne (n° 65), de quelques bataillons de landwehr, d'un régiment de hussards de réserve et de deux batteries lourdes de réserve.

Ce n'était pas une tâche facile que celle qui incombait à ce détachement, car la garnison, qui avait occupé aussi tout d'abord les villages placés près de la place, fut continuellement en action ; elle renouvela ses sorties avec les trois armes et à chaque occasion tira le canon des remparts. Cependant la ville fut deux fois bombardée avec les batteries de campagne. Ainsi, le 26 septembre, les pièces disposées par petits groupes autour de la ville ouvrirent le feu à grande distance (4,000 pas environ).

On se demande si de tels bombardements peuvent donner un résultat ; ils pourraient bien ne faire qu'habituer l'ennemi au bombardement, et l'engager au contraire à prendre les mesures nécessaires à la défense. Aussi n'obtint-on aucun résultat ; au contraire même l'artillerie de la place, fort bien servie, réussit à atteindre et même à démonter quelques-unes des pièces complètement défilées derrière une pente et éloignées de plus de 4,000 pas.

Après le 26 septembre, le corps d'investissement se borna à observer la place, à intercepter les communications et à repousser quelques attaques ; en même temps on se préparait à un prochain bombardement ; on requit à Sedan quelques pièces françaises de douze et l'on apprit à des hommes de la landwehr à les manœuvrer ; des matériaux furent préparés pour la construction des batteries, du bois abattu pour les blindages, des rails de chemin de fer apportés dans le même but ; des outils de terrassement réquisitionnés, etc., etc...

Au commencement d'octobre, le détachement fut augmenté de deux compagnies d'artillerie de forteresse, sous le commandement d'un officier supérieur ; elles venaient de concourir au siége de Toul ; elles amenaient avec elles le matériel de siége français employé ; c'était en grande partie celui qui avait déjà servi dans la première tentative infructueuse contre cette place. Les pièces de siége prussiennes qui avaient ensuite amené la chute de Toul avaient toutes été envoyées pour faire le siége de Soissons.

Un bombardement fut dès lors de nouveau sérieusement préparé et l'exécution fut fixée à bref délai ; le gouvernement général de Reims donna son assentiment. Pour aider autant que possible à cette entreprise, on désigna pour renforcer encore le corps de siége une nouvelle compagnie d'artillerie de forteresse de la garnison de Sedan, et les magasins de cette place furent mis à la disposition du commandant pour qu'il y puisât les canons nécessaires, ainsi que les munitions, les outils, etc...

Le commandement passa à cette époque des mains du général de Bothmer dans celles du général de Gayl. Un deuxième officier supérieur d'artillerie vint offrir ses services, c'était celui de la garnison de Sedan.

Le terme beaucoup trop proche fixé d'abord pour le bombardement ne pouvait être différé ; cependant par suite d'une entente avec le gouvernement de Reims il fut retardé de quelques jours, et l'ouverture du feu fut fixée au 13 octobre.

Pour voir avec quelle étonnante rapidité il fallut opérer pour être prêt au jour dit, examinons comment se passaient les choses à Sedan, dont les riches magasins devaient fournir la plus grande partie des choses nécessaires à l'attaque. Le 8 octobre arrive l'ordre du gouvernement de Reims, de diriger immédiatement sur Verdun une compagnie d'artillerie de forteresse de la garnison ; celle-ci reçut l'ordre, et son départ fut fixé au 9 octobre, au matin. Mais le soir, un peu avant minuit, arriva du commandant du détachement devant Verdun l'ordre à la compagnie d'amener avec elle huit canons rayés français de 24 avec des munitions et des outils, et d'arriver devant Verdun en deux jours de marche, le 10 au soir. Cet ordre mit le commandant de Sedan, le major Ritgen dans un grand embarras. Il était inexécutable, et pourtant le commandant ne pouvait supposer qu'on n'eût pas connaissance à Verdun de la situation où l'on était à Sedan, car l'officier d'artillerie de cette place était au quartier général de Verdun et devait avoir pris part à la rédaction de l'ordre. Celui-ci était inexécutable pour les raisons suivantes :

1° On n'avait pas de chevaux pour le transport ;

2° Les canons demandés étaient à peu près tout ce qu'il y avait de ce calibre dans la place ; ils se trouvaient disséminés sur les remparts et les ouvrages, quelques-uns derrière des poternes murées ou difficilement franchissables ;

3° Aucune des pièces de 24 n'était sur affût propre au transport et ensuite au tir. Les affûts convenables servaient aux obusiers de 22 centimètres, qui se trouvaient aussi dispersés dans les différents ouvrages ; un double déplacement devenait nécessaire, et encore pour cela fallait-il trouver des hommes pour manœuvrer les leviers nécessaires au nombre de deux ou trois par pièce ; il était donc impossible d'exécuter ces travaux sur plusieurs points à la fois ;

4° La distance à parcourir était de 74 kilomètres, c'est-à-dire environ dix milles allemands, et non sur une route horizontale mais sur une route pleine de montées et de descentes ; il était difficile de la parcourir en deux jours, avec une colonne de grosse artillerie et surtout des attelages composés de chevaux de paysans.

Le commandant de Sedan devait donc se décider ou à

envoyer la compagnie demandée, seule, selon le premier ordre, sans canons, et alors préparer les transports et les envoyer plus tard avec une escorte particulière, ou à retenir la compagnie jusqu'à ce que les canons fussent prêts à partir. Il s'arrêta au premier parti après un conseil tenu la nuit avec le commandant de l'artillerie et celui de la cavalerie, qui devait rassembler des chevaux requis dans les environs; pourtant il avertit, par une estafette, le commandant devant Verdun du retard dans l'envoi des canons.

En conséquence, la compagnie partit le 9 au matin, n'emmenant avec elle qu'une seule voiture chargée d'outils, et elle arriva le 10 au soir, assez tard, au cantonnement devant Verdun.

Quelques heures plus tard, au milieu de la nuit, arrivait aussi, venant de Toul, un convoi de quatre obusiers et vingt-deux pièces françaises de vingt-deux centimètres, avec les munitions nécessaires et des munitions pour les canons de 24, ainsi que des matériaux pour la construction des batteries; cinquante chevaux de cultivateurs et leurs propriétaires réquisitionnés d'avance devaient fournir, le lendemain, les moyens nécessaires pour transporter le matériel sur l'emplacement des batteries. Ils furent moins utiles qu'on ne le présumait; parce que, soit pour pourvoir à leur nourriture, soit à cause du manque de surveillance, ils s'échappèrent en partie, et ceux qui restèrent, épuisés par des réquisitions continuelles, refusèrent le service.

Le 11 octobre au matin, le personnel qui devait, le 13, exécuter le bombardement arrêté, était réuni dans les cantonnements de Verdun. L'attaque devait être faite de deux côtés: par le nord et par l'ouest séparément; les forces étaient réparties de la manière suivante:

A. — *Attaque du nord.*

1° Une forte réserve de batterie ;
2° Une compagnie d'artillerie de forteresse ;
3° Un détachement de trente artilleurs de forteresse, commandés par un lieutenant.

B. — *Attaque de l'ouest.*

1° Une forte réserve de batterie ;
2° Une compagnie d'artillerie de forteresse (moins le détachement de A, 3°).

Ainsi, en tout, deux batteries de campagne et trois compagnies de forteresse. A cela il faut joindre, à l'attaque du nord, quelques fantassins de la landwehr, qui furent pendant quelque temps employés au service des pièces de 24.

Les pièces qui existaient alors et qui étaient en batterie étaient réparties de la manière suivante :

A. — *Attaque du nord.*

1° Six canons prussiens de 6 livres (pièces de campagne) ;
2° Douze canons français de 12 ;
3° Quatre obusiers français de 22 centimètres ;
4° Huit canons français de 24 (on les attendait encore de Sedan).

B. — *Attaque de l'ouest.*

1° Six canons prussiens de 6 (pièces de campagne) ;
2° Douze canons français de 12 ;
3° Six canons français de 24 ;
4° Quatre gros mortiers français.

Pour assurer l'arrivée des huit canons de 24 venant de Sedan, sur l'efficacité desquels on comptait beaucoup, on envoya à leur rencontre, dès le 10 au soir, les attelages des réserves de batterie et une compagnie d'infanterie comme escorte. Quand cette compagnie arriva, dans la matinée du 11, à moitié chemin de Sedan à Stenay, elle ne trouva plus la garnison d'étape qu'elle comptait y voir; celle-ci avait été de grand matin surprise par une sortie de Montmédy et emmenée prisonnière. Seule une petite partie, dont un détachement de uhlans, s'était échappée. Le convoi d'artillerie arriva le 11 au soir à Stenay et y bivaqua.

Examinons maintenant en détail et spécialement pour l'attaque du nord, l'état des préparatifs tels qu'ils étaient le matin du 11 octobre. Tout le personnel était là depuis la veille au soir, mais une partie des pièces était en marche. Quant aux munitions, il y en avait peu. La batterie de campagne pouvait posséder environ trois cents obus; pourtant elle n'était pas en situation de les tirer tous, car, en prévision d'insuccès ou de quelque sortie, elle devait en conserver une partie. On ne pouvait pas compter, pour un rapide renouvellement, sur la colonne de munitions laissée en arrière, d'autant moins que, comme nous l'avons mentionné, ses attelages étaient employés au transport des canons de 24. Les canons de 12 français pouvaient suffire à un bombardement de trois jours; par contre, on manquait presque entièrement de munitions pour les obusiers de 22 centimètres et les canons de 24. Pour ces derniers canons, on attendait de Sedan, avec les pièces, un certain nombre d'obus; mais pour ceux qu'on avait, il restait encore à y mettre les fusées et la poudre était encore dans les tonneaux. On avait le papier pour les gargousses; on devait fabriquer la colle avec la farine d'un boulanger. On fabriqua ainsi en deux jours huit cents gargousses en papier, à cinq livres de poudre, et six cents obus furent chargés et garnis de leur fusée. Pour les obusiers de 22 centimètres, chose semblable fut faite.

Le matériel de construction des batteries était encore disséminé dans les lieux de préparation, à plusieurs heures de là; de même les bois pour les blindages, qu'il fallait encore équarrir; enfin les rails de chemin de fer étaient encore sur la voie; le travail et la répartition dans les dépôts des batteries à construire dura jusqu'à une heure avancée de la nuit et la construction, retardée encore, en dehors des difficultés prévues, par la mauvaise volonté des paysans français avec leurs attelages harassés. En fait de bons outils, on n'avait que le chargement amené de Sedan; les villages environnants furent de nouveau fouillés pour en trouver; la récolte fut particulièrement faible sous le rapport de la qualité. En somme, on s'arrangea à la fin de manière à donner aux batteries à construire la moitié des pelles et des pioches réglementairement nécessaires; un peu moins ou même rien en fait de haches et de cognées.

L'indication de l'emplacement des batteries aux officiers qui en étaient chargés fut faite le 11 au matin par l'officier supérieur d'artillerie de Sedan qui devait diriger l'attaque du nord.

Ces batteries étaient toutes sur une ligne droite dirigée de l'est à l'ouest, à environ 3,000 pas au nord de la place; elles s'étendaient sur la ligne des hauteurs et étaient disposées dans l'ordre suivant en partant de la gauche :

Nº 1. Six canons prussiens de 6 livres.
Nº 2. Six canons français de 12.
Nº 3. Quatre obusiers français de 22 centimètres.
Nº 4. Huit canons français de 24.
Nº 5. Six canons français de 12.

Les prescriptions données à ces batteries étaient en peu de mots les suivantes : les canons de 6 prussiens, les seuls sur lesquels on pût compter comme précision, étaient destinés à contre-battre l'artillerie; les autres pièces devaient plus ou moins servir au bombardement et chercher à faire une brèche dans le mur d'escarpe ; dans ce but, elles pouvaient être employées au gré et sur l'ordre particulier de l'officier supérieur directeur, si, du point le plus élevé des hauteurs en question, on pouvait tirer directement sur le point le plus bas du mur d'escarpe de la citadelle. (L'officier désigné pour le commandement de cette batterie objecta que l'on pouvait aussi bien atteindre ce point en se plaçant plus loin en arrière, élevant alors la hausse et visant au moyen de repères sur les murailles plus élevées de la citadelle. Il fut sévèrement réprimandé et on lui ordonna de porter la batterie en avant jusqu'à ce que l'on pût apercevoir avec les yeux le point le plus bas du mur d'escarpe.)

On désigna spécialement pour être bombardés : les établissements militaires de la citadelle, les casernes placées dans la ville, la mairie, enfin les tours ébréchées de la cathédrale, sur lesquelles on supposait qu'il y avait un poste d'observation.

Cependant les ordres donnés pour les préparatifs s'exécutaient. Néanmoins il fallait encore du temps et des bras pour placer en dépôts derrière les batteries les projectiles fabriqués et transportés au fur et à mesure, les mettre dans des trous et les recouvrir de bois et de claies.

Dans la nuit du 11 au 12 octobre, on enleva à l'infanterie ennemie une partie des villages placés sous le canon de la place. Cette tâche incomba au régiment de ligne, qui s'en acquitta avec des pertes relativement faibles. C'étaient les villages de Belleville, Thierville et Regret, avec le faubourg de Glorieux.

Pour donner une idée du mode de construction des batteries, de l'exécution du bombardement et des difficultés qui se présentaient, nous nous occuperons spécialement d'une batterie ; dans les autres, les choses se passèrent à peu près d'une manière semblable. Nous choisissons la batterie à construire pour les huit canons de 24.

Pour le service de cette batterie, on pouvait compter sur :

a. Personnel. — Deux officiers, six sous-officiers, soixante hommes d'artillerie de forteresse. Les travailleurs nécessaires devaient être fournis par l'infanterie de landwehr;

b. Matériaux de construction. — 1° *Gabions.* Pour le parapet, le nombre réglementaire : huit gabions prussiens. Pour chaque joue d'embrasure : deux (c'était insuffisant pour revêtir des embrasures profondes, et malheureusement on manquait aussi de fascines et de claies pour les remplacer). De plus, il y avait encore une vingtaine de gabions pour construire les magasins à poudre, les dépôts de projectiles, les traverses, etc. 2° *Fascines.* Autant de pieds de longueur que la longueur du parapet; on se décide à les employer comme fascines de fond (ces gabions devaient être reliés entre eux par des pieux). 3° *Claies.* En très-petit nombre, juste de quoi couvrir le sol dans les magasins à poudre. 4° *Pieux.* En nombre suffisant. 5° *Crochets en fil de fer.* Autant que de gabions.

c. Outils. — 1° *Pelles.* 2° *Pioches.* Cent quarante pelles, autant de pioches, à peu près la moitié du nombre réglementaire; les pelles, en partie, de fort mauvaise qualité. 3° *Maillets.* Deux. 4° *Dames.* Aucune.

d. Matériaux pour les plates-formes. — Quatre madriers par pièce, pas de traverses; ainsi rien que des plates-formes volantes, circonstance qui, avec de lourds canons, de très-lourds affûts et un mauvais terrain, devenait très-préjudiciable.

Construction de la batterie.

Les huit canons de 24 attendus devaient être placés en deux batteries de 4 chacune, à trente pas environ l'une de l'autre. Le tracé se fit encore de jour dans l'après-midi du 12 octobre, de la manière et à l'endroit prescrits. On commença le travail, à la tombée de la nuit, par le dépôt situé à environ deux cents pas en arrière de la batterie et complétement soustrait aux vues de l'ennemi. Les travailleurs d'infanterie arrivèrent le soir en retard et d'une manière irrégulière. Il en vint environ cent trente pour chaque batterie de quatre pièces; ils furent partagés en deux divisions, chargées de se relever à courts intervalles. La construction se fit de la manière suivante, dite rapide.

Un fossé en avant et sur les ailes et, entre chaque pièce, des traverses formées par la terre laissée à son niveau, le reste étant creusé. Dans l'impossibilité d'avoir un magasin à poudre régulier à cause du manque de travailleurs, de gabions et de fascines, on dut en construire deux derrière les ailes extérieures de la batterie, les parois extérieures formées par les gabions, couverts par-dessus par des rails de chemin de fer, et par-dessus encore par une couche de terre. Comme dépôts de projectiles, les tonneaux à poudre et quelques caisses enfoncées dans le retranchement à l'extrémité des traverses laissées entre les pièces.

On ne savait encore rien des affûts sur lesquels étaient placées les pièces attendues; on ne savait donc quelle espèce d'embrasure on devait construire quand, tard dans la nuit, arriva un sous-officier à cheval de l'escorte envoyée au devant du convoi, qui apportait la hauteur de genouillère mesurée avec une ficelle; elle comptait 46 pouces, c'étaient donc des embrasures profondes qu'il fallait.

Les fondations présentèrent de grandes difficultés. Au-dessous d'une couche de 3 à 4 pouces de terre glaise, délayée par des journées entières de pluie, commençait un sol pierreux qu'il fallait défoncer à la pioche, pelle par pelle. Malgré cela le travail fut mené de telle sorte qu'à une heure de la nuit l'emplacement des pièces avait atteint la profondeur nécessaire, et les plates-formes volantes pouvaient être posées. A ce moment les pièces si longtemps attendues arrivèrent enfin et furent immédiatement conduites par les hommes à leurs places de tir. Une nouvelle et grave difficulté se présentait, c'était que ces lourds canons de 24 en bronze étaient placés sur leurs affûts pour le transport et non pour le tir; or l'on n'avait pas de leviers; on pouvait pourtant les remettre en place en appelant presque tous les artilleurs pour chaque pièce successivement et tirant celle-ci au moyen de cordages, avec des branches d'arbres comme leviers. Ce travail demanda encore trois heures. Un peu après quatre heures du matin, toutes les pièces étaient en batterie et pouvaient être complétées. En même temps que les canons, on avait reçu de Sedan un certain nombre d'obus et de gargousses, et les batteries furent ainsi approvisionnées largement à cinquante coups par pièce.

Il fallait cependant encore avancer le terrassement autant que possible. Le parapet, tracé sur 21 pieds de longueur et 3 pieds de base, n'avait pas atteint partout 3 pieds de hauteur; le plan supérieur était généralement incliné en avant. Les traverses en terre laissées entre les pièces avaient été coupées le long du parapet, et les espaces libres ainsi obtenus avaient été couverts avec des rails, ce qui donnait les abris nécessaires pour les hommes. Entre les deux batteries, distantes l'une de l'autre d'environ trente pas, on fit pour les relier un fossé large de 2 pieds avec parapet tourné vers l'ennemi. Le travail, qui ne fut pas inquiété par celui-ci, se fit par un temps pluvieux. La pleine lune, qui aurait pu être un danger, fut presque tout le temps cachée par les nuages.

Service des pièces.

Après avoir vaincu les difficultés dont la description qui

précède ne peut donner qu'une faible idée, difficultés qui avaient demandé le concours de toutes les forces pendant quarante-huit heures, dont les vingt-quatre dernières heures sans interruption, les pièces se trouvaient prêtes et en batterie. Le feu commença à six heures du matin.

Examinons comment se fit le service. Il y a tout d'abord à remarquer que pièces, officiers et soldats étaient complétement étrangers les uns aux autres. La compagnie, pendant huit jours de séjour à Sedan, n'avait pas trouvé le temps de se familiariser avec les pièces françaises; comme il a été déjà dit, elle avait été employée aux travaux d'armement et n'avait pas eu le plus petit loisir à y consacrer (quand il y en avait, il devait, par ordre supérieur, être employé à enseigner aux artilleurs le maniement du fusil chassepot). La charge se faisait avec des gargousses de papier, dont un grand nombre étaient mauvaises et déchirées. Comme on l'apprit plus tard, elles étaient inférieures d'une demi-livre à celles faites à Sedan. Les lourds obus de 24 devaient être portés et placés à la main, parce qu'il n'y avait pas de porte-projectile. Il arriva quelquefois que les artilleurs, habitués au chargement par la culasse et fatigués par une longue privation de repos, placèrent les obus sans dessus dessous. On n'avait qu'une table de tir très-simple, copiée sur une table française heureusement trouvée, et qui n'était que de la veille appliquée en formules correspondantes au terrain. Le peu d'habitude qu'on avait de la ligne de mire (une ouverture en forme de croix et une petite corne pointue au lieu d'une échancrure) augmentait la difficulté du pointage. A cause de la ligne de mire latérale, il était nécessaire de tenir les pièces autant que possible à gauche dans l'embrasure, sans quoi la ligne de mire remonterait la zone de l'embrasure. Cela arrivait d'autant plus facilement que, à cause du manque de matériaux, les embrasures n'avaient pas été revêtues, et que, par le feu de l'ennemi, elles étaient de plus en plus ruinées. Tous ces embarras s'accrurent encore, car bientôt les plates-formes volantes se rompirent; les quatre madriers qui les composaient se brisèrent et devinrent peu à peu plus gênants que s'il n'y avait pas eu de plate-forme. La mise en avant dans l'embrasure demanda alors chaque fois le concours de toutes les forces. On organisa le service de manière à relever une fois les artilleurs, ce qui fut possible parce qu'on put disposer des hommes employés jusque-là à la confection des projectiles.

Tir. — Résultats constatés. — Feu de l'ennemi.

La distance de la place n'était pas exactement connue, ainsi ce n'était qu'en tirant qu'on pouvait arriver à l'apprécier. Elle se trouvait être de 3,200 mètres. On devait tirer principalement sur les bâtiments situés dans la citadelle, après quoi on devait chercher à démonter le front ennemi qui faisait face au nord. On devait aussi tirer sur les tours de la cathédrale pour débusquer le poste d'observation qui y était. Les bâtiments de la citadelle furent démolis et incendiés, mais le feu irrégulier des pièces, dont on a donné les motifs en parlant du service des pièces, ne parvint pas à prendre la supériorité sur le feu de l'ennemi. Et pourtant on ne pouvait pas cesser le combat d'artillerie pour se garantir du feu de l'ennemi, qui devenait toujours plus incommodant. La situation malheureuse de la batterie de 24, qui, comme il a été dit déjà, se trouvait au point culminant de la hauteur en faisait un but commode pour la place. Vue complétement de la citadelle, la batterie se dessinait avec ses embrasures profondément entaillées comme les dents d'un peigne. De plus, l'ennemi avait reconnu que là était le plus gros calibre de l'attaque, et il concentrait de plus en plus son feu sur elle. Plusieurs coups pénétrèrent par les embrasures; deux pièces furent démontées, atteintes en plein par un obus à la tranche de la bouche, on ne pouvait plus les charger ; une troisième fut démontée par un coup qui brisa la roue droite et la flasque de l'affût du même côté. De petites dégradations furent faites aux autres pièces par des éclats d'obus. La perte en hommes fut proportionnée; deux furent tués et douze blessés, plusieurs grièvement; les cinq pièces restantes continuèrent le feu jusqu'à la fin; la batterie tira en tout quinze cents obus.

Partout les choses se passèrent comme dans la batterie que nous avons spécialement étudiée, déduction faite des circonstances qui augmentèrent particulièrement les difficultés. La direction supérieure manqua bientôt, dès le commencement, à l'attaque du nord, parce que l'officier supérieur fut légèrement blessé dans la matinée du 12 et se retira. Le bombardement cessa dans la matinée du 15, le troisième jour, parce que les munitions étaient épuisées et qu'on ne pouvaient pas pourvoir immédiatement à leur remplacement. Un succès sensible n'était pas atteint, déduction faite de quelques petits incendies dans la ville et de la démolition des bâtiments militaires de la citadelle. Avant tout, la garnison de la place ne songeait pas à se rendre. Si la lettre altière du commandant de la place au commandant des troupes de blocus (ils étaient entrés en pourparler à l'aide d'un échange de prisonniers) n'y laissait pas compter; d'autres signes témoignaient que le courage de l'ennemi n'était pas abattu.

Voici la lettre du commandant de Verdun :

« Général, en réponse à votre honorée lettre de ce jour, j'ai l'honneur de vous annoncer que j'accepte avec empressement l'échange de prisonniers. J'ai le regret d'avoir à vous informer que les sous-officiers Lüders, du 96ᵉ régiment, Krüger, du 12ᵉ dragons, et le comte Hohenthal, du 1ᵉʳ dragons de la garde, ne se trouvent pas parmi les prisonniers que nous avons. J'aurai l'honneur, à quatre heures, de vous envoyer les prisonniers prussiens, avec un parlementaire, à l'entrée de Belleville. Suivant votre désir, je ferai photographier les tombes des deux officiers prussiens tués à Charny, et je vous les enverrai quand les hostilités seront terminées.

« Je profite de cette lettre pour vous exprimer le sentiment que m'inspire la manière dont vous attaquez Verdun. J'avais cru jusqu'ici que la guerre entre les Prussiens et les Français était un duel entre les deux armées, aussi j'étais bien éloigné de croire que de tranquilles habitants, des femmes et des enfants devaient voir leurs biens et leurs personnes engagés dans le combat d'une manière si injuste. Si vous croyez, général, que ce procédé peut contribuer en quelque chose à accélérer la reddition de la place, vous êtes dans une grave erreur, car de ce jour, vous pouvez me croire, le sentiment d'abnégation que leur imposent leur position et leurs sentiments patriotiques n'a fait que croître. Ni la pluie de bombes et d'obus, ni les privations auxquelles peuvent être soumises la garde nationale et l'armée, ne peuvent les empêcher de remplir leurs devoirs jusqu'au bout. Leur plus grand désir serait de se mesurer homme à homme avec les troupes prussiennes. Permettez-moi de vous dire, général, que c'est sur la brèche que nous vous attendons, espérant bien que, pour marcher en avant, vous sortirez un jour de derrière les hauteurs qui vous abritent de nos coups.

« Recevez, etc.
    « Signé : *le général commandant en chef*.
    « Baron Guérin de Waldersbach. »

Le général français communiqua cette lettre au maire et reçut de celui-ci la réponse suivante :

« Mon général, j'ai l'honneur de vous renvoyer la lettre que vous m'avez fait l'honneur signalé de me communiquer. Je tiens pour mon devoir de vous transmettre les remercîments de toute la population pour le langage noble et élevé avec lequel vous avez rendu le sentiment patriotique dont elle est animée.

« Recevez, etc.

« *Le maire*, DE BENOIST. »

Ainsi, il fit sauter deux villages, qui étaient plutôt deux faubourgs, et il fit différentes sorties. Dans l'une d'elles, le 28 octobre, faite à la fois au nord et à l'ouest, il réussit à reprendre le village de Belleville, à déloger, en lui infligeant de fortes pertes, la compagnie qui y était, et à mettre complétement hors de service une pièce de 24 restée là à cause d'une de ses roues brisée. La sortie à l'ouest sur le village de Thierville fut repoussée; pourtant les Français trouvèrent le temps d'enclouer une partie des pièces qui se trouvaient encore en batterie.

Nous n'avons pas à suivre les événements après lesquels, environ quatre semaines plus tard, vint la capitulation. Pour l'ennemi, toujours bien renseigné, de graves événements étaient survenus pendant cet intervalle, quand il se déclara prêt à entrer en négociations. La capitulation de Metz, par suite de laquelle la place perdait presque toute son importance, la ruine de la discipline dans les troupes, et enfin la connaissance des préparatifs suffisants pour un siége efficace. Les conditions si avantageuses de la capitulation de Verdun sont connues.

Les pertes éprouvées par suite du feu étaient :

A. *Artillerie*. — Officiers : deux tués, trois blessés ;
Sous-officiers et soldats : cinq tués, cinquante blessés.

B. *Infanterie* (y compris le combat de village du 12 octobre). — Officiers : un tué, un blessé ;
Sous-officiers et soldats : quatre tués, quarante-cinq blessés.

Les pertes de l'artillerie paraissent particulièrement fortes. On compte que six cents artilleurs vinrent pour le service des batteries ; ils ne furent jamais tous présents à la fois, ce qui donne un dixième tués ou blessés.

Le siége entier, depuis le commencement de l'investissement (24 août) jusqu'au jour de la capitulation, coûta aux Allemands, d'après Engel, quarante-deux tués et deux cent cinquante-six blessés. La perte totale de la garnison de la place, d'après les récits français, fut de quatre-vingt-sept tués et deux cent soixante-cinq blessés, non compris dix-sept habitants civils tués, dont trois femmes, et vingt-deux blessés (Prévost : *Les forteresses françaises*).

Le siége se changea ainsi de nouveau en simple investissement.

Si maintenant on recherche les raisons pour lesquelles cette entreprise avait échoué, les suivantes sont assez claires :

1º Manque d'idées précises sur ce qu'on voulait et sur ce que l'on pouvait avec les moyens existants.

2º Manque de la préparation nécessaire, parce que l'on fut obligé de trop se hâter pour être prêt au jour fixé d'avance.

Une question reste indécise, celle de savoir si l'on eût dû conseiller de répéter l'essai fait à Toul, c'est-à-dire mettre en présence les forteresses et les canons français, ou bien s'il n'eût pas été meilleur de faire venir une partie du parc de siége amené devant Strasbourg, comme on s'y décida plus tard.

On ne le voulut pas, parce que pour faire venir ce matériel

il fallait encore quelques semaines, ce qui, à notre sens, était doublement motivé; nous arrivons ainsi aux deux fautes blâmées plus haut :

1° On était parfaitement éclairé sur ses propres moyens comparés à ceux de l'ennemi. En nombre de pièces comme en calibre, on ne lui était pas supérieur; on pouvait même, s'il renforçait les fronts attaqués, n'avoir que la moitié, au plus, de sa force en artillerie; pour le service des pièces, etc., etc., on lui était inférieur, il ne pouvait pas en être autrement. Cette considération devait proscrire complétement un combat d'artillerie, on devait se borner à construire les batteries de bombardement. On aurait apporté tout le soin nécessaire à leur exécution; ainsi les batteries auraient été placées en arrière des hauteurs, masquées aux vues de l'ennemi et soustraites en grande partie à son tir efficace; on eût fixé des données précises pour le tir en brèche, pour lequel la distance était trop grande, le service et, par suite, le tir, trop irrégulier, et la quantité de munitions insuffisante; de la sorte, on serait vraisemblablement arrivé à un résultat; mais les munitions furent employées à une inutile lutte d'artillerie, le résultat fut négatif, et l'ennemi, en repoussant cette attaque, redoubla de confiance.

2° Il fallait surtout faire les préparatifs nécessaires. On peut s'exprimer sommairement en disant qu'il manquait à ce siége un parc de siége. Il en existait bien quelques parties, mais elles étaient si mauvaises qu'on ne pouvait les compter; et quel motif allégua-t-on pour regarder comme un luxe superflu un parc organisé? Même après que le jour du bombardement eût été fixé, ne pouvait-on pas, en s'entendant avec l'autorité supérieure, faire une demande bien motivée pour obtenir un délai. (Ce motif, d'après l'ouvrage semi-officiel d'un officier d'artillerie, honorablement connu, qui se trouvait au corps de siége comme chef d'état-major général, pouvait tomber facilement.) Ne valait-il pas mieux ajourner l'entreprise que d'avoir, trois jours plus tard, à la recommencer après un échec et des sacrifices de toutes sortes. Un court délai suffisait. Si l'on avait, par exemple, fixé l'ouverture du feu au 20, on aurait gagné le temps d'organiser un parc complet. Les canons avaient le temps d'arriver, ils pouvaient être étudiés, mis en place, et autrement préparés ; officiers et soldats avaient le temps et les moyens d'apprendre à s'en servir.

Les munitions. — Si on les avait préparées en leur lieu et place, on aurait pu le faire avec soin et avec calme. Les différences dans la charge des gargousses auraient été, sinon évitées, au moins reconnues. On aurait pu envoyer des magasins de Sedan et de Toul des secours réguliers, et l'on n'aurait pas été obligé de cesser le feu faute de munitions. Enfin les batteries de campagne auraient gagné le temps de se mettre en communication avec leurs colonnes de munitions.

Les plates-formes auraient dû être préparées à Sedan, sinon plus près. De lourds canons, comme ceux de 24 et les obusiers de 22 centimètres avec leurs affûts plus gros et leur plus grande élévation, ne pouvaient se contenter de plateformes volantes, qui se brisèrent et devinrent plus mauvaises que s'il n'y en avait eu aucune.

Les matériaux, les outils, etc., qu'on n'a eu que dans les parcs, manquèrent partout ; on pouvait y remédier.

Les batteries pouvaient être faites avec soin, on pouvait prendre toutes les précautions nécessaires et spécialement on pouvait y construire des abris.

L'exemple de Péronne montre comment un bombardement peut être entrepris avec de faibles moyens et des pièces françaises. Le bombardement fait avec quatre-vingts pièces de campagne, en luttant avec l'artillerie tout en bombardant la ville, resta sans résultat; mais le bombardement réel, c'est-à-dire le tir exclusif sur les maisons de la place, sans répondre au feu de celle-ci, amena finalement la capitulation. Devant Péronne, il n'y avait que douze canons français en action et cent cinquante artilleurs de forteresse commandés par quelques officiers pour le service des pièces. Là aussi, le commandant de l'artillerie poussa à une hâte ruineuse, et ce n'est qu'avec peine qu'un officier subalterne obtint, au lieu de placer à découvert sur le sol gelé ses hautes pièces de siége, d'avoir un jour pour pouvoir construire les abris indispensables. Nous chercherons dans une étude spéciale à mettre en parallèle ces deux opérations.

EN VENTE A LA MÊME LIBRAIRIE

Brunner. La guerre de siége, à l'usage des académies militaires et des écoles de cadets en Autriche, traduit de l'allemand par H. Piette, capitaine du génie. 1 vol. in-12 avec planches. 1 fr. 50

Considérations sur la guerre des places fortes, 1870-1871, traduit de l'allemand par Couturier, lieutenant au 55e rég. de ligne. Brochure in-12. . . . . 1 fr.

Défenseurs (les) des forteresses et subsidiairement la réorganisation de l'artillerie et du génie. Brochure in-12. . . . 50 c.

Étude sur la Défense de l'Allemagne occidentale, et en particulier de l'Alsace-Lorraine, traduit de l'allemand. Broch. in-12 75 c.

Ferron. Considérations sur le système défensif de la France, 2e édition. Br. in-8°, avec une carte des chemins de fer français, envisagés au point de vue de la défense du pays. . . . . 3 fr.

Ferron. Considérations sur le système défensif de Paris, 2e éd. Br. in-8°, avec carte. . . . . 2 fr. 50

Fortification (la) permanente du capitaine von Piston. Traduction et analyse par M. Grillon, capitaine du génie. Brochure in-12. . . . . 50 c.

Geldern. Les siéges de Paris et de Belfort en 1870-1871, traduit de l'allemand par M. Grillon, capitaine du génie. 1 vol. in-8°, avec cartes. . . . . 4 fr.

Hohenlohe Ingelfingen. Idées sur l'attaque des places fortes. — Conférence faite à Berlin. Traduit de l'allemand, par A. Klipffel, capitaine du génie. Brochure in-12. . . . 50 c.

Klipffel. La Défense extérieure active. Brochure in-12 avec planches. . . . . 2 fr.

Lort Serignan (de). Le Blocus de Montmédy en 1870. 1 vol. in-8°, avec carte et plan. . . . . 5 fr.

Molnar (von). Nouveau système de défense de la Hollande. Traduit de l'allemand par DEROUGEMONT. Brochure in-12 avec carte.. 50 c.

Places fortes (les) du N.-E. de la France, et Essai de défense de la nouvelle frontière. Brochure in-12........... 75 c.

Service (le) du génie, par un officier supérieur du génie. Brochure in-12....................................... 50 c.

Strasbourg, sa description, ses fortifications, son rôle militaire avant la guerre de 1870, par M. Z. Brochure in-12.... 50 c.

Thiers. Sur le rôle des places françaises de l'est pendant la dernière invasion. Brochure in-12 avec carte....... 1 fr. 50

Thiers. De l'influence exercée par l'artillerie rayée sur la défense des places, d'après l'exposé de la défense de Belfort en 1870-1871. Brochure in-12, avec carte............ 2 fr.

Vieilles forteresses (les) et le bombardement par les moyens actuels, extrait du journal *la Vedette*, traduit de l'allemand par M. WEIL. Brochure in-12............................. 50 c.

Wagner. Essai sur la fortification future. Broch. in-12. 1 fr.

Paris, imp. A. Dutemple, 7, rue des Canettes.

www.ingramcontent.com/pod-product-compliance
Lightning Source LLC
Chambersburg PA
CBHW060629050426
42451CB00012B/2507